Gérard Blitz

Der Yogaweg
des Patanjali

Ein Leitfaden
für Übende und Lehrende

1. Auflage 2008

Verlag Via Nova, Alte Landstraße 12, 36100 Petersberg
Telefon: (06 61) 6 29 73
Fax: (06 61) 9 67 95 60
E-Mail: info@verlag-vianova.de

Internet:
www.verlag-vianova.de

Originaltitel:
Yoga. La régle du jeu, Gérard Blitz

Umschlag: Avak Publikationsdesign, München
Druck und Verarbeitung: Fuldaer Verlagsanstalt, 36037 Fulda
ISBN 978-3-86616-118-4

Inhaltsverzeichnis

Vorwort

Ich brauchte dies Büchlein eigentlich nicht zu schreiben; ich tat es, weil Zufall und Umstände mich führten. Freunde hatten mich gebeten, für ein Yogabuch die Einführung zu verfassen. Als Thema schlug man mir eine allgemeine Darstellung des Yoga und seiner Lehre vor. Zuerst habe ich gezögert, doch dann habe ich mich ans Schreiben gemacht. Und schon bald hatte ich den mir gewährten Raum weit überschritten (wie soll man es denn sonst machen?). Schließlich, nachdem man meinen Text gelesen hatte, wurde ich gebeten, ihn als besondere Auflage in französischer Sprache drucken zu lassen (weil das Yogabuch, um das es ging, italienisch geschrieben ist). Und so ist dies kleine Buch entstanden. Man kann es in die Tasche stecken. Bei Gelegenheit kann man darin Rat suchen. Es kann, vielleicht, gewisse Themen des Yoga klar machen; wenigstens hoffe ich das.

Man verzeihe mir, daß ich dies kleine Buch geschrieben habe. Ein besonderes Bedürfnis dazu habe ich nicht empfunden. Ich finde es schwierig, Worte für etwas zu finden, das dem Wesen nach eine Erfahrung ist. Besonders, wenn diese Worte sich zu einem geschriebenen Text formen!

Vor allem soll niemand glauben, daß es hier darum gehe, eine Lehrmethode, ein System oder ein Verfahren darzustellen. Im Yoga gibt es ebensoviele Systeme wie Personen, die ihn ausüben. Ich mache hier die Bestandsaufnahme von all dem, das ich meine, verstanden zu haben. Möge jeder darin etwas finden, das ihn unter Umständen interessieren könnte! Bevor ich dies Vorwort beende, möchte ich danken, mich verneigen vor den großen Meistern der Vergangenheit, vor Patanjali, dem Meister der Meister, dem Genie der Genies; vor meinem alten und verehrten Lehrer Sri Krishnamacharya, der meine ersten Schritte geleitet hat; vor seinem Sohn Sri Desikachar, der diese Unterweisung weitergeführt hat und der mich mit seiner Freundschaft und seinem Vertrauen ehrt; vor all denen, die mit mir forschen und suchen und die durch ihr Interesse und die Freundschaft, die sie mir bezeugen, mich (doch) dazu bringen, hier etwas niederzuschreiben.

Lassen Sie mich noch dem „Berufsverband Deutscher Yogalehrer" danken, der dies kleine

Buch gern ins Deutsche übersetzen wollte — und besonders seinem Übersetzer, meinem lieben Freund Fritz Müser, durch dessen empfindsame Aufmerksamkeit dies zustande gekommen ist. Die leitenden Personen des „Berufsverband Deutscher Yogalehrer" sind sich wohl bewußt, daß der Yoga und seine Lehre nicht im Raum der Technik und der Methoden angesiedelt sind, sondern nur im Raum des Geistes und des Herzens.

Gérard Blitz

Der Yogaweg

Es muß vor allem deutlich gemacht werden, daß **das Wort „Yoga" einen Zustand betrifft**, einen Zustand der Einheit, einen Zustand ohne Trennung, ohne Teilung.

Dies gleich am Anfang zu sagen, ist wichtig. Im Gegensatz zur Vorstellung, die im allgemeinen in uns entsteht, wenn das Wort „Yoga" ausgesprochen wird, geht es dabei nicht um eine Technik, auch nicht darum, eine Form nachzumachen.

Wie können wir den Zustand Yoga erkennen oder kennenlernen? Können wir dazu die gleichen Mittel gebrauchen, die wir normalerweise beim Lernen anwenden? Das vernünftige Denken, das Wissen, das Reden? Sicher nicht; diese Mittel entsprechen der Sache nicht. **Der Weg des Yoga ist einzigartig.** Yoga ist einzig und alleine eine Erfahrung, und **die muß man erleben, um sie zu kennen**. Das Eigenartige dieser Erfahrung ist: Sie ist immer persönlich. In diesem Bereich gibt es keinen Typus der Erfahrung. (Dies sage ich mit Nachdruck. Man muß es sich einprägen). Tut man es nicht, so kann man auf den üblichen Weg des Wissens geraten und wird nur mühsam den Yogaweg wiederfinden.

Aus welchen Gründen üben wir Yoga? Wir tun es, um einen Zustand der Zerstreuung in einen Zustand des inneren Gleichgewichts und der Sammlung zu verwandeln. Wir leben in einem Zustand der Zerstreuung, der der Ursprung der Probleme und Schwierigkeiten unseres Lebens ist. Der Zustand der Ausgeglichenheit und des inneren Gesammeltseins wird eine tiefgehende Verwandlung in uns bewirken. Eine völlige Umkehr, durch Worte oder Erklärungen schwer auszudrücken.

Auf welchem Weg können wir zu diesem Zustand des Einsseins gelangen, da nun die von uns gewöhnlich benutzten Mittel ungeeignet sind? Die Texte, auf die wir uns beziehen, antworten klar auf diese Frage:
„Wenn der Geist befriedet ist", sagen sie als Wesentliches, „tritt der Zustand des Yoga ein". Das ist die große Antwort, die unserem Suchen und Handeln im Yoga die Richtung angibt.

Unser Geist ist unruhig. Automatische Bewegungsabläufe bewegen ihn mit. In Folge dieser Automatisierung hat er sich erheblich beschleunigt. Sein Rhythmus hat sich vom langsamen und natürlichen Rhythmus unseres organischen Lebens entfernt. Daher kommen unsere Unausgeglichenheiten. Die mechanischen Abläufe unseres bewußten Denkvorgangs sind bekannt:

Unser Gedächtnis reagiert auf Reize von außen, die die Erinnerung an frühere Situationen wachrufen, indem es Vorstellungen und Bilder sowie Ideenverbindungen erzeugt. Deren filmartiger Ablauf bildet das Denken. Dies Denken entspricht also der Vergangenheit und wird von Worten und deren Bedeutung begleitet. Daraus folgt eine Handlung, die in dieser gleichen Richtung verläuft. Unser Denken und Handeln funktioniert in einem geschlossenen Kreislauf und wiederholt sich unentwegt. Eine erstarrte und blokkierte Lage. **Diese Verkettung muß unterbrochen werden, damit wir im Denken und Handeln wieder frei werden.** Ist diese Freiheit wiedergewonnen, dann arbeitet unser Denken unter ganz neuen Voraussetzungen und frei von äußeren Reizen − gefestigt und in Frieden.

Nun verändert sich alles in uns, wir sind nicht mehr (durch das Ego) von der umgebenden Welt getrennt, **wir können etwas tun,** um diesen Wechsel zu bewirken. Aber wir können das Ergebnis nicht direkt herbeiführen. Das einzige, was wir tun können, ist, die Vorbedingungen dafür zu schaffen, daß die Verwandlung spontan eintreten kann. Erst handeln wir − dann empfangen wir.

Der Kreislauf des Denkens entspringt und nährt sich aus der Tätigkeit der Sinne. Das nach außen fliegende Umherschweifen unserer Denktätigkeit verzehrt unsere Lebenskraft. **Gibt es ein Mittel**, um dies Umherschweifen zu unterbrechen und wieder klaren Blick, Gesundheit und Lebensfreude zu finden?

Dies Mittel gibt es, klar, genau und konkret, sachlich und ohne Mysterium: **Der Hatha Yoga ist das Mittel**, eine vollkommene Wissenschaft – für alle und unter allen Umständen anwendbar und passend. Über das körperliche Gleichgewicht (physiologisch und neurophysiologisch) wird man das psychologische und das seelische Gleichgewicht finden.

Alle Antworten auf unsere Probleme sind im Körper zu finden.

Das Mittel ist der Hatha Yoga

Im Hatha Yoga findet sich ein Leitfaden: **Ein Faden, der in eine bestimmte Richtung führt**. Wenn man aus dem Stoff des Hatha Yoga mal dieses, mal jenes übt oder lehrt, so führt das zu nichts und bleibt wirkungslos. (Die sichtbaren Wirkungen einer Wandlung, die von Dauer ist, sind das einzige Merkmal, den Wert eines Unterrichts zu beurteilen).

Der Leitfaden des Hatha Yoga weist in **die Fließrichtung Asana — Pranayama — Dhyana**.

Mit Asana fängt man an. Asana ist die Grundlage, das Fundament des Bauwerkes. Asana löst den Atem, bereitet Pranayama vor.

Pranayama führt dann weiter, vertieft die Wirkungen des Asana. Das Bewußtsein ist ausschließlich auf das Fließen der Atemluft gerichtet und hält das Auseinanderfließen des Prana an und beruhigt das Hin- und Herschweifen des Geistes. Ist der Geist beruhigt, so erfahren wir **Dhyana**, einen absichtslosen, nicht gemachten Zustand, der durch die Übung von Asana und Pranayama entsteht. **Im Asana** befassen wir uns nacheinander mit mehreren Dingen. Unser Bewußtsein geht hierhin und dorthin, wir wechseln die Haltung, wir verändern die Lage zur Schwerkraft, wir sind abwechselnd aktiv oder passiv (Shavasana), wir richten unsere Aufmerksamkeit auf den Körper, auf die Bewegung, auf die Atmung. Wir achten darauf, auszugleichen, schrittweise vorzugehen.

Im Pranayama hört diese Bewegung auf. Wir sitzen, bewegungslos. Wir wechseln die Haltung nicht mehr. Wir sind einzig und allein mit dem Fluß der Atemluft verbunden. Von Asana zum Pranayama gehen wir von der Bewegung zur Bewegungslosigkeit, von der Außenfläche zur Mitte hin.

Asana-Pranayama-Dhyana ist **ein natürlich fließender Übergang**. Eine „Übung" ist das nicht. Auf natürliche Weise werden wir aus einem Zustand in den anderen geleitet. So sagen es die Sutras des Patanjali und die Hatha Yoga Pradipika.

Hat Asana seine Aufgabe erfüllt, tritt Pranayama ein; haben Asana und Pranayama ihr Werk getan, so sind wir für Dhyana bereit, den Zustand, der aus der Vorarbeit entsteht. Ob Asana, Pranayama oder Dhyana, wir finden in allen den gleichen Inhalt: **Körper, Atmung, denkender Geist**.

Im Asana liegt die Betonung auf dem Körper, im Pranayama auf der Atmung (Atmung ist das Mittel). In Dhyana wird der Geist betont. Im Asana hört die Bewegung des Körpers auf. Im Pranayama wird der Atemfluß aufgehalten. In Dhyana werden die mechanischen Denkbewegungen angehalten. In jeder der drei Phasen sind die beiden anderen mitenthalten. Die drei sind nicht zu trennen.

Asana ist der Beginn des Prozesses

Asana ist exaktes Wissen. Mit Asana, dem Bewußtsein des Körpers, seines eigenen Körpers, fängt man an. Das ist, gut angewendet, ein wirksames Mittel mit unbegrenzten Möglichkeiten. Bereits in diesem ersten Stadium können wir zum Frieden des Geistes kommen. Im Körper nämlich finden wir die Antworten auf unsere Schwierigkeiten. Das Bewußtsein von der (harmonischen) Einheit des Körpers führt das psychologische Gleichgewicht herbei, und dieses wiederum führt zum seelischen Gleichgewicht. Alle drei sind verbunden.

Im Asana wird ständig das Bewußtsein vertieft, daß der Körper eine Einheit ist. Dabei entdecken wir immer wieder noch subtilere Zustände. Dazu eignen sich am besten die einfachsten Haltungen. Diese sind übrigens oft nur scheinbar einfach. Die Bewegung wandert von den Außenbereichen zur Mitte hin. Die Außenbereiche werden gebildet von den Gliedern, dem Becken und vom Kopf. Die Mitte besteht aus dem Inhalt der Wirbelsäule. **Wir wirken auf die Wirbelsäule ein**, um unserer Lebensenergie (Prana) den Weg frei zu machen und dadurch ein gutes Arbeiten unseres zentralen Nervensystems (Rückenmark, Hirnstamm, Gehirn) zu erreichen. Dieses koordiniert, regelt und vereint. Wir wirken nicht direkt ein. Asana-Arbeit besteht darin, die Hindernisse wegzuräumen, die dem Kreislauf unserer Lebensenergie im Wege stehen.

Dazu bringen wir den Körper in verschiedene Lagen (Haltungen): aufrecht stehende, liegende, umgekehrte und sitzende, wir richten gerade, wir dehnen, wir rollen die Wirbelsäule aus und wieder ein. Das alles ruft unterschiedliche und exakte Wirkungen hervor. Wir können das Aufrichten der Wirbelsäule durch eine Seitbeugung oder eine Drehhaltung unterbrechen. Dadurch entstehen Wirkungen, die unsere Lebensenergie (Prana) **anregen, beruhigen oder ausgleichen**. Diese Haltungen der Wirbelsäule sind aufeinander bezogen. Jede von ihnen ist Vorbereitung oder Ausgleich für die vorhergehende oder folgende. Eine exakte Wissenschaft, die unbegrenzte Möglichkeit bietet. Die Einwirkungen auf die Wirbelsäule müssen **unendlich vorsichtig** erfolgen.

Wir wollen wiederholen: Wir können nicht direkt auf unsere Nervenzentren einwirken, wir können nur die Vorbedingungen für ihr gutes Funktionieren schaffen (durch eine zu willensbetonte, mechanische oder gewaltsame Einwirkung erreichen wir das Gegenteil, große Müdigkeit und Nervosität). **Welche Vorsichtsmaßnahmen** können wir treffen, um die Wirbelsäule zu schützen? Die wichtigste ist das Arbeiten mit Bewußtsein. **Das Bewußtsein muß in jedem Augenblick und beständig anwesend sein.** Man muß es immer wieder erneuern. Dazu schafft man Freiräume. Eine Bewegung darf nicht einfach die mechanische und banale Wiederholung der vorhergehenden sein. Jede Geste soll bewußt neu sein. Man muß mit Rücksicht arbeiten, **schrittweise** (vinyasa krama). Zum Ziel hin aufsteigen, dann wieder herabsteigen, ausgleichen.

Üben muß man im Rhythmus, aber nicht im Rhythmus des Mentalen. Der Körperrhythmus ist unendlich langsam im Vergleich zum Rhythmus des Mentalen. Um diesen Rhythmus zu finden, **muß man einer natürlichen Atmung folgen**, die nicht gewaltsam ist. Sie haben Mittel, um selbst den Aufwand der Anstrengung zu dosieren. In jeder Haltung sind **Mittel der Regulierung** enthalten. Diese Mittel stecken im Gebrauch des Außenbereichs, also der Beine, der Arme, der Beckenbewegung und des Kopfes.

Achten Sie darauf, **daß die Achse einer Haltung berücksichtigt wird**! Der Außenbereich soll sich gleichmäßig um die Mittelachse der Haltung verteilen. Ein Ungleichgewicht, **eine plötzliche Überbelastung** können gefährliche Wirkungen haben [was fast für alle Haltungen gilt; besonders für Haltungen wie Schulterstand (Sarvangasana), Kopfstand (Shirshasana), Pflug (Halasana)]. **Asana ist die Aufhebung jeder Bewegung in der gegebenen Haltung.** In dieser Aufhebung jeder Körperbewegung, jeder Bewegung des Geistes und der Atmung zeigt sich das totale, nicht mentale Bewußtsein des Körpers. Dies ist eine Lage und ein Zustand, die schwer zu beschreiben sind. **Man kann sie nur erleben.** Befindet man sich einmal in dieser Lage, möchte man darin bleiben. Möchte man darin bleiben, weil man sich wohl und glücklich fühlt, **dann ist das Asana.** Der Körper nimmt also teil, wird sich schrittweise entspannen und wird sich Millimeter für Millimeter immer besser in die Lage hineinfügen. Und das ist nie zu Ende. Qualität und

Dauer dieser Unbeweglichkeit machen die Wirkungen von Asana aus. Man erreicht Asana schrittweise und **von innen her**. Man macht keine gewaltsamen Anstrengungen, um eine äußere Form zu kopieren. Das geht ganz natürlich zu: Man bereitet die Haltung durch dynamische Bewegungen vor, die den Körper einstimmen, erwärmen und vorbereiten. Einmal in der Haltung, geht man — immer mit Hilfe der Atmung — schrittweise von einer relativen zu einer absoluten Bewegungslosigkeit über, **zur Aufhebung wirklich jeder Bewegung**. Dieser Weg in die Bewegungslosigkeit ist lang, und man muß geduldig, ja demütig sein. Unser Verhalten während der Übungsarbeit ist manchmal wichtiger als das, was wir machen. Wenn unser Verhalten richtig ist, wird das, was man macht, richtig sein oder werden.

In der Asana-Übungsarbeit wird der Weg betont, der zu dieser absoluten Bewegungslosigkeit führt. Man wird dazu eine Haltung aussuchen, die einfach, aber eher schwierig ist.

Pranayama
vertieft
die Wirkungen
von Asana

Asana bereitet Pranayama vor, löst die Atmung. Pranayama vertieft die Wirkungen von Asana und führt zu Dhyana hin. Dieser Prozess ist weder an eine Technik noch an ein System oder eine Methode gebunden; **er ist natürlich**.

Hat Asana seine Funktion erfüllt, sagt Patanjali, so ist Pranayama da. Kommt man aus Asana heraus, nach langem und richtigen Verharren in einer bestimmten Haltung, so hat man das Verlangen, sich zu setzen, **bewegungslos zu werden**. Man kommt nun ausschließlich mit der Atmung in Kontakt, die unseren Pulsschlag tief innen widerspiegelt. Dieser Übergang von Asana zu Pranayama ist natürlich, keine Technik. **Er entspricht einem Bedürfnis in einem gegebenen Augenblick.**

Ist das Bewußtsein einzig und allein auf den Fluß der Atemluft gerichtet, dann **wird die Zerstreuung des Prana, unserer Lebensenergie, angehalten**. Jetzt nimmt sie die umgekehrte Richtung und geht von außen zur Mitte, wo sie bleiben wird. (Der allgemein anerkannte Sinn des Wortes Pranayama ist: Nichtzerstreuung von Prana).

Der Gebrauch der Atmung ist der Drehpunkt im Hatha Yoga. Im Asana ist dieser Gebrauch wesentlich. Im Pranayama ist er alles. Etwas anderes gibt es nicht mehr. Die ausschließliche und ununterbrochene Beziehung mit dem Fluß der Atemluft ist der letzte Schritt und das letzte (äußerste) Mittel auf dem Weg zum Dhyana.

Bei der Atmung gibt es eine **Grundempfindung für ihre Qualität**. Die Atmung, von der wir sprechen, ist nicht leicht zu kennen. Vor allen Dingen ist sie bewußt. Die dauernde Beziehung zum Strömen der Luft ist das einzig wirklich wichtige. Diese Beziehung geht durch eine allzu willensmäßige Bemühung verloren. Also muß man immer wieder loslassen und dann den Kontakt wieder aufnehmen. Ist der Geist (Mental) gelassen, bildet sich die ununterbrochene Beziehung von selber.

Durch ein ausschließlich vom Willen betriebenes Vorgehen können wir keine gute und wirksame Atmung erfahren. Vielmehr erst, wenn wir nichts erzwingen, wenn wir es **dem Etwas in uns, das ohne Willen wirkt, überlassen zu wirken**, wird der Atemfluß von selbst schrittweise länger, fließender und feiner. In diesem Einfühlen in den Atemfluß entdecken wir nun, wie auch bei Asana, eine unerforschte und unbegrenzte Welt. Auf diese Art atmend, friedlich, natürlich und frei, **vor allem bewußt**, wandert man ganz allmählich zu einer Situation hin, in der wir in eine Osmose mit dem Atemfluß gelangen.

Von hier ausgehend, von diesem Einzigartigen, von dieser Osmose aus, können die klassischen Mittel gebraucht werden, um willensmäßig den Atemfluß umzuformen, um zu verlängern, zurückzuhalten, anzuhalten! Um durch die Nasenlöcher zu atmen, die Finger zu gebrauchen.

Beginnt man mit diesen Mitteln, ohne vorher für die Einheit mit dem Atemfluß gesorgt zu haben, **dann sind diese Mittel nur Techniken**, die ohne Wirkung und kraftlos sein werden.

Es geschieht aus dieser Osmose mit dem Atemfluß und aus dem Frieden des Geistes heraus, daß die Bandhas sich bilden, spontane Muskelkontraktionen, welche die Wirbelsäule in völliger Regungslosigkeit festhalten und dadurch die Regulierung unserer Lebensenergie erleichtern (die Nicht-Zerstreuung von Prana).

Asana hat den Prozess in Gang gesetzt, Pranayama hat ihn vollendet. Der Geist ist nun befreit, integriert. Die Sinne, die einen Teil des mentalen

Ablaufs ausmachen, sind zur gleichen Zeit zur Ruhe gebracht. Sie arbeiten zwar, ziehen uns aber nicht mehr (mit sich) davon (**Pratyahara**). Jetzt sind die Voraussetzungen dafür vorhanden, daß etwas in uns sich gründlich wandeln kann. Unser Bewußtsein ist erweitert und verfeinert. Wir sind gesammelt, **gleichzeitig stabil und frei**. Nun bekundet sich das Leben in uns und erneuert sich immerwährend.

Verlieren wir nicht aus den Augen, **daß Hatha Yoga ein Mittel ist**. Absicht des Hatha Yoga ist es, die Hindernisse aus dem Weg zu räumen, die der Steuerung unserer Lebensenergie im Wege stehen. **Das Ziel ist das Leben.**

Die Wirkungen, die durch die Hatha Yoga-Arbeit entstehen, reichen in den Alltag hinein. Die in der Bewegungslosigkeit entstehenden Wirkungen bleiben nun auch in unserem Handeln und in bezug zum Leben erhalten, und sie entwickeln sich stets weiter. Jetzt kommen wir in den **Raja Yoga** hinein, die immerwährende Übung. Hatha Yoga bereitet auf Raja Yoga vor und führt zu ihm hin. Raja Yoga führt Hatha Yoga weiter fort und erweitert ihn. Die beiden ergänzen sich und sind innig verbunden.

Raja Yoga ist die Weiterführung von Hatha Yoga

Auf der Ebene des Raja Yoga führt und leuchtet uns ein Text: **Die Yoga-Sutras des Patanjali**. Ein Text ohnegleichen, der diesmal unser gesamtes Leben betrifft. Ein Text, genial in dem Sinn, daß er der Freiheit der Interpretation durch jeden Einzelnen nichts in den Weg stellt; er ermutigt im Gegenteil zu dieser Freiheit. Auch ein Spiegeltext, weil er uns unentwegt zu uns selbst zurückschickt.

Das Werk besteht aus 4 Büchern mit insgesamt 195 Sutras. Alle Sutras hängen zusammen und bilden als Ganzes einen Leitfaden, der zum Yoga führt. (Bedeutung des Wortes Yoga-Sutras).

In dieser kurzen Darlegung können wir dem Leitfaden nicht in seinen Einzelfäden nachgehen. Begnügen wir uns damit, ihn im Flug zu überschauen und den Hauptfaden herauszufinden.

Erstes Buch:
Die Definition von „Yoga" –
die Richtung, die unserem
Suchen und Forschen
gegeben wird

Gleich zu Anfang des Textes (1.2) wird die Definition von „Yoga" gegeben: **„Yoga chitta vritti nirodhah"**. Yoga entsteht, wenn die nach außen strebende Fliehbewegung unseres Geistes (des mentalen Bewußtseins) verlangsamt, unterbrochen, angehalten wird.

Im folgenden Sutra (1.3) heißt es: Wenn dies eintritt, erscheint in uns eine andere Bewußtseinsebene. Wir erfahren hier das Wesentliche. **Yoga ist ein Zustand, der spontan eintritt, wenn die Bewegung des Geistes zur Ruhe gekommen ist.** Ist das geschehen, wandelt sich die Reichweite unseres Bewußtseins.

Nach diesem ersten Hinweis wissen wir, **in welche Richtung es geht**. Das erste Buch (Samadhi Pada, der Pfad des Samadhi) zeigt uns den Weg, der zum Zustand des Samadhi führt, dem erlösten, unbedingten Zustand. Er zeigt uns die Mittel, über die wir verfügen, um diesen Weg einzuschlagen. Dann nennt er die Hindernisse, auf die wir stoßen können und ihre Merkmale. Er sagt uns, wie wir diese Hindernisse überwinden. Ist die Unruhe des Geistes einmal besiegt, fällt dem Yogi unbegrenzte Meisterschaft zu. Der Geist ist ruhig und fest, er ist nun einbezogen und ein integrierter Teil (Samapatti). „Wie ein wohlpoliertes Juwel, das die Farben des Untergrundes spiegelt, auf dem es ruht" (I. 40, 41).

Aus dieser Integration ergibt sich ein Zustand, Samadhi genannt. In diesem Zustand gibt es aufeinanderfolgende Phasen. Die Endphase ist „Nirbija-Samadhi", Samadhi – ohne – Keime, in dem wir sicher vor dem möglichen Wiederauftauchen der Keime (Eindrücke) der Vergangenheit (dem Unbewußten) sind. Nirbija-Samadhi ist ein Zustand reiner Harmonie des Bewußtseins (I. 42, 51).

Zweites Buch:
Der äußere Weg –
das Handeln
(Fortsetzung)

Das zweite Buch ist das des Handelns (Sadhana Pada), der Weg der „Strategie".

Vor allem (II. 1) wird festgelegt, welche Eigenschaften für das Handeln erforderlich sind:

— die Heftigkeit des Feuers, das uns verzehrt (tapas),
— eingehende Selbsterkenntnis (Svadhyaya),
— das Loslassen (Ishvara-pranidhana).

Wenn das Handeln diese Eigenschaften besitzt, kann es zum Samadhi führen und die Verkettung mit dem Leiden zerbrechen (II. 2).

Zweites Buch:
Der Mechanismus
des Leidens
(Klesha-Karma) II. 3, 15
(Fortsetzung)

Bevor er uns mit dem Yoga-Weg bekanntmacht, wird Patanjali uns vor allem begreiflich machen, **warum wir üben**. Wir üben, um den Mechanismus zu zerbrechen, die schicksalhafte Verzahnung, die zum Leid führt. Er erklärt uns die einzelnen Phasen dieses Mechanismus. (Die fünf Kleshas, die Leiderzeugenden). Avidya, der Zustand der Verwirrung, steht am Ursprung der Bewegung, die zum Leiden führt.

Wir leben, indem wir von schematischen Vorstellungen ausgehen, die sich wiederholen und die aus dem Gedächtnis emporsteigen, aus der Vergangenheit. Um die Situationen durchleben zu können, die sich immerzu wiederholen (**das Leben aber wiederholt sich nie**), bedienen wir uns eines Systems von Einbildungen. Daher unsere Unzulänglichkeit. Wir können nichts als Irrtümer begehen, Fehlschläge erleben. Da diese Irrtümer und Fehlschläge sich wiederholen und wir nicht begreifen, wieso sie zustande kommen, beginnen wir zu verzagen. Wir wissen nicht mehr, was machen, wie es machen. Daher ein Zustand voll Verwirrung und Unsicherheit.

Hier setzt der Mechanismus der Verunsicherung ein. Was sollen wir in diesem Fall tun? Wir können nur versuchen, uns zu schützen. Wir schließen uns in uns selbst ein, wir schließen uns in schützende Konstruktionen ein. In dieser Lage wird das Ego geboren und entwickelt sich. Um zu bestehen, muß das Ego sich ernähren. Unentwegt versucht es, die Schutzwälle zu verstärken, die es beschützen. Daher das Verlangen, das Erraffen wollen, das uns innewohnt. Daher das unersättliche Bedürfnis nach „Sicherheit". Je mehr wir uns in diese illusorischen Gebilde einschließen, desto mehr wenden wir uns von anderen ab. Wir werden immer argwöhnischer, gleichgültiger, isolierter, einsamer.

Wenn wir bemerken, daß durch dieses Vorgehen nichts erreicht wird, **daß dieser Weg nirgends hinführt**, bekommen wir Angst, Angst vor der Zukunft, Angst vor dem, was passieren könnte, Angst vor dem Alter, der Krankheit, vor dem Tod. Als Reaktion darauf werden wir von einer unwiderstehlichen Sucht nach Leben ergriffen.

Diese Bewegung wird sich ihrerseits ins Gedächtnis einprägen und in Form von Gedanken und Taten seinen Niederschlag finden. Dieser

Mechanismus wird ernährt, lebt und entwickelt sich **durch seine Eigenenergie**. Endlos produziert er Karma, das uns in unseren zukünftigen Existenzen begleiten wird.

Hier hält Patanjali seine Darstellung an, um uns zu trösten und uns zu sagen: Die kommenden Schwierigkeiten können vermieden werden (II. 16). An der Vergangenheit können wir nichts mehr ändern und auch nichts an der Gegenwart, aber wir können in der Zukunft dem Leiden entgehen und uns ändern. **Nur für die Zukunft sind wir verantwortlich.**

Zweites Buch: Der Samkhya (II. 17−27) (Fortsetzung)

Hier wird sozusagen in Klammern etwas eingeschoben und − nach der Samkhya-Philosophie − der Zustand der Verwirrung untersucht. Die grundlegende Verwirrung entsteht aus der Tatsache, daß wir „das da" (das, was−in−uns−wahrnimmt) und die sichtbare Welt durcheinanderbringen. **Die beiden sind aufeinander bezogen, müssen aber deutlich getrennt bleiben**, vor allem muß man sie unterscheiden. Die sichtbare Welt existiert nur für und in Funktion des „das da". Der Unterschied ist nicht erkennbar, wenn Geistesverwirrung herrscht (Avidya). Wenn diese Verwirrung sich auflöst, tritt die absolute Freiheit (Kaivalya) des „das da" hervor, das Endziel des Yoga. Damit die Geistesverwirrung sich auflöst, braucht man „**das ununterbrochene Bewußtsein von dem, was ist**".

Der Weg, der zum „ununterbrochenen Bewußtsein von dem, was ist", führt, wird stufenweise beschritten. Dieser Weg ist der **Ashtanga Yoga oder Raja Yoga**, auch Yoga des Patanjali genannt.

Zweites Buch: Der Weg des Heils: Ashtanga Yoga der achtgliedrige Yoga (Fortsetzung)

Der Ashtanga Yoga bildet eine Einheit.

Seine acht Glieder sind Teile desselben Körpers, und **jeder Teil ist in allen anderen gegenwärtig**. Zum besseren Verständnis kann man die acht Angas auf folgende Weise einteilen:

A. Unser Verhalten in der Gesellschaft

1. Yama,
   die Beziehung
   zu anderen
2. Niyama,
   die Beziehung
   zu uns selbst

B. Der Yoga des Handelns

3. Asana
4. Pranayama
5. Pratyahara

Der äußere Weg
(zweites Buch)

C. Der Zustand, der aus dem Handeln entsteht

6. Dharana
7. Dhyana
8. Samadhi

Der innere Weg
(drittes Buch)

Die ersten Glieder — Yama und Niyama

Die beiden ersten Angas sind die Schlüssel – Elemente des Yoga. Sie beziehen sich auf das Leben. Auf unser Leben in der Beziehung zur Gesellschaft. **Um zu leben, müssen wir Beziehung haben.** Die Beziehung ist, wie wir sehen werden, im allgemeinen gar nicht leicht. Sie schafft Probleme. Gerade durch diese Schwierigkeit entsteht das Bedürfnis nach Yoga. Um die Beziehung erträglicher zu machen, müssen wir unser Verhalten ändern, und deshalb üben wir.

Yama betrifft unsere Beziehung zu den anderen. Das Wort bedeutet „Enthaltsamkeit". Um die Beziehung zu erleichern, müssen wir uns enthalten.

Niyama betrifft die Beziehung zu uns selbst. Das Wort bedeutet „Beobachtung". Um mit sich selbst ins reine zu kommen, muß man die rechte Haltung beobachten.

Yama und Niyama gehen Hand in Hand und ergänzen sich, sie sind nicht zu trennen. Um eine rechte Beziehung herzustellen, muß man vor allem einsehen, daß **alle Wesen verschieden sind.** Keine zwei Personen gleichen sich. Jede sieht die Ereignisse durch das Prisma der eigenen Persönlichkeit. Alle diese Sichtweisen, alle diese

Ansichten sind ohne Rangordnung, ohne Anspruch einer Höherstellung. **Das einzige, was es gibt, sind Unterschiede.** Ist das verstanden, dann wird die Beziehung ganz erheblich erleichtert.

Fünf Yamas gibt es, fünf Formen der Enthaltung (II. 30). Der erste Yama, ohne Zweifel der wichtigste, der den anderen zugrunde liegt, ist **Ahimsa, die Gewaltlosigkeit.** Man kann nicht seinen alleinigen Gesichtspunkt den anderen aufzwingen. Man kann seiner Umgebung nicht Gewalt antun. Man muß die Vielfalt der Einzelwesen und aller Dinge respektieren und zugeben. Das Ego absetzen.

Der zweite Yama ist **Satya**, die Wahrhaftigkeit, der Zustand der Wahrheit. In der Beziehung zum anderen Menschen muß man wahrhaftig sein und alle unnötigen Kompliziertheiten beiseite lassen. Nicht etwas vorstellen wollen; nicht das Bild verteidigen, das man von sich selbst gezimmert hat. Sich nicht hinter den Worten und Wortbedeutungen verbergen. **Leben im Rückhalt der Wahrheit.**

Dann kommt **Asteya**, der dritte Yama, dessen Bedeutung ist der Verzicht auf das Verlangen zu nehmen, zu bekommen. Patanjali sagt es gut: Wenn das Verlangen zu nehmen erlischt, kommen die Juwelen zum Vorschein (II. 37). Wenn man nichts „will", kann alles zustande kommen.

Der vierte Yama ist **Brahmacharya**. Die Mäßigung, die Vernunft; sich nicht von den Extremen mitreißen lassen, beständig in der Mitte ruhend, im Gleichgewicht zwischen den entgegengesetzten Dingen.

Schließlich ist der letzte Yama **Aparigraha**. Sich begnügen mit dem Lebensnotwendigen. Auf das Überflüssige verzichten.

Die Yamas sind zeitlos, sagt Patanjali noch (II. 31). Sie werden immer gültig sein. Überall, unter allen Umständen, in allen Epochen. Die Yamas machen **die eminent soziale Rolle des Yoga** sichtbar.

Es folgen nun **die fünf Niyamas**, die fünf Formen von Beachtung (II. 32). Der erste Niyama ist **Shaucha**. Dies Wort bedeutet Sauberkeit, Reinheit, Klarheit. Man muß mit sich selbst im reinen sein. Nicht seine Wünsche auf die Wirklichkeit projizieren.

Dann kommt **Santosha**, die Zufriedenheit. Schätzen, was man hat, was man ist, was man lebt. Zufrieden sein, und das, ohne dafür einen besonderen Grund zu haben.

Die drei letzten Niyamas sind **Tapas**, das Feuer, das uns verzehrt, das brennende Interesse, das uns zum Handeln antreibt. **Svadhyaya**, gründliche Selbsterkenntnis, und **Ishvara Pranidhana**, sich Gott anheimgeben, loslassen, entsagen. (Patanjali wiederholt hier die drei Eigenschaften des Handelns, die im ersten Sutra des zweiten Buches dargestellt wurden).

Yama und Niyama sind praktische Übungen in sich, Übungen für jeden Augenblick, die in unserer Entwicklung eine beträchtliche Rolle spielen.

Drittes, viertes und fünftes Anga:

Asana, Pranayama und Pratyahara

Asana und Pranayama sind die bewegenden Elemente des Ashtanga Yoga. Sie sind es, die verwandeln. Aus ihnen erfolgt Pratyahara, die Beruhigung der Sinne als Konsequenz aus ihrer Wirksamkeit.

Aus den bestimmten Gründen, die weiter oben in diesem Text erklärt wurden, verwandeln Asana, Pranayama und Pratyahara den Zustand unseres Bewußtseins. Ohne sie sind Yama und Niyama ein Moralkodex. **Dank ihnen sind Yama**

und Niyama Zustände, die man erlebt. Sehen wir einmal, wie Patanjali diese Angas vorstellt, die, zusammen mit Yama und Niyama, der äußere Weg genannt werden.

Drei Sutras sind Asana gewidmet. Nur drei werden Sie sagen – aber Sie werden sehen, daß diese drei Sutras für Patanjali ausreichen, um **den ganzen Inhalt von Asana** erkennen zu lassen. Nach diesen drei Sutras gibt es zu diesem Gegenstand nichts weiter zu sagen. Man weiß genau, worum es sich handelt. **Einzig die Mittel zur Anwendung** dieser Lehren sind noch genau anzugeben.

Das erste dieser drei Sutras besagt, Asana sei sthirasukha. In einem einzigen Wort, also gleichzeitig „sthira" und „sukha". Sthira bedeutet stabil, fest, aber auch „bewußt", auf der psychologischen Ebene. **Und gleichzeitig** „sukha", was leicht, bequem, entspannt bedeutet. Buchstäblich: „in einem glücklichen Raum". Asana ist also: „festbewußtleicht", in einem einzigen Wort.

Das folgende Sutra (II. 47) ist noch ausführlicher. Patanjali sagt, in Asana muß auf jede gewaltsame (heftige) Anstrengung (Prayatna Shaïthilya) verzichtet werden – in einem (dank: Bhyam) Zustand der Kontemplation (Samapatti), des Gleichgewichts und des Unendlichen (Ananta).

Ananta bedeutet Unendlichkeit, die kein Ende hat. Das gleiche Wort stellt in der indischen Mythologie den König der Schlangen dar, der aufgerichtet und **dank seines vollkommenen Gleichgewichts**, die Welt trägt. In Asana (wie auch im Leben) sind das Gleichgewicht, die Empfindung für die Mittelachse der Haltung und der Zustand der Meditation viel wichtiger als der ausschließliche Gebrauch der Kraft.

Das dritte, dem Asana gewidmete Sutra (II. 48), zieht den Schluß aus den beiden vorhergehenden: Wenn man, sagt es, die Erfahrung des Asana gehabt hat, befindet man sich **in einem Zustand des Gleichgewichts**. Man ist nicht mehr versucht, zwischen den Extremen zu wählen.

Es folgen die **vier Sutras, die dem Pranayama vorbehalten sind** (II. 49−42). Das erste beginnt mit den Worten „tasmin sati": „wenn dies so ist", d.h., wenn Asana unter guten Bedingungen geübt worden ist, erscheint spontan Pranayama. Pranayama üben entspricht einem Bedürfnis.

Das Wort „Pranayama" wird auf verschiedene Weise erklärt. So kann man sagen, es bedeutet **„Nichtzerstreuung des Prana**, der (subtilen) Lebensenergie. Durch Pranayama wird diese Lebensenergie stabilisiert. **Dies verändert unser Verhalten, unsere Lebensanschauung. Das Mit-**

tel, um die Nichtzerstreuung des Prana zu erreichen, **ist das Bewußtsein, das sich ausschließlich
auf den Fluß der Atemluft richtet**.

Das Sutra II. 49 sagt: Wenn Asana recht geübt
worden ist, wird die Nichtzerstreuung des Prana
(Pranayama) erreicht durch das Anhalten zwischen der Ein- und Ausatembewegung.

Das Sutra II. 50 macht deutlich, daß das Unterbrechen der Bewegung, von dem die Rede ist,
entweder an den Schluß der Ausatmung oder an
den Schluß der Einatmung gelegt wird oder aber
jederzeit sein kann. Dank der Osmose (desha =
verweilen, dableiben) mit dem Atemfluß wird
die Atmung vollkommener und wird je nach
Dauer der Übung und nach der Anzahl der Run-
den – lang und zart.

Wenn die Bewegung angehalten wird (II. 51), be-
finden wir uns in einem Zustand der außerhalb
jeden Tuns liegt, Prana ist gesammelt und nicht
zerstreut (Pranayama). Dann zerreißt der Schlei-
er, der das Licht verbirgt (II. 52).

Die drei folgenden Sutras (II. 53−55) beenden
das zweite Buch. Sie haben mit **Pratyahara** zu
tun, dem fünften Glied. Dies ist die notwendige
Folge von Asana und Pranayama. Ist Prana in
uns zur Ruhe gebracht, dann ist es auch der

Geist (Mental). Ist der Geist zur Ruhe gebracht, dann ruht automatisch auch die Tätigkeit der Sinne, denn die beiden hängen voneinander ab. Von da ab arbeiten die Sinne zwar, verwirren uns aber nicht mehr und bringen uns nicht mehr aus dem Gleichgewicht. Auch sie sind integriert.

Drittes Buch:
Der Zustand,
der sich aus dem
Handeln ergibt

Das dritte Buch, **Vibhuti Pada**, der Weg der Verwirklichung, untersucht den Zustand, der sich aus dem Handeln, aus dem äußeren Weg ergibt. Es wird als das Buch des „inneren Weges" bezeichnet. Es zeigt **den Zustand, der aus der Verwandlung entsteht und analysiert die Entwicklung dieses Zustandes**.

Die drei letzten Angas:

Dharana, Dhyana, Samadhi

Es sind **die drei letzten Angas**, mit denen das dritte Buch anfängt. Diese Angas stellen die drei aufeinanderfolgenden Phasen ein- und desselben Zustandes dar.

Dharana ist die erste Phase dieses Zustandes (III. 1). Im Dharana sind wir nicht mehr zerstreut. Die „nach außen drängende Bewegung" unseres mentalen Bewußtseins, das uns pausenlos mitriß, ist angehalten. Nun ruhen wir in unserer Mitte. **Innerlich versammelt, absichtslos.** Unser ganzes Sein ist integriert. Alle unsere Kräfte streben zu einem Punkt. Wir sind fähig, uns jeweils einer einzigen Sache zuzuwenden, und diese nehmen wir viel tiefer in uns auf.

Dhyana ist die zweite Phase dieses selben Zustandes (III. 2). Wenn nämlich Dharana fest gegründet ist, verwandelt sie sich in Dhyana. In Dhyana sind wir mit allen um uns herum unmittelbar verbunden ohne das Dazwischentreten des Denkens. Wir erfassen alle Dinge unmittelbar, vollständig und auf der Stelle. Wir sind mit der Umwelt identisch geworden, und das ohne Willensanstrengung. Die Dinge kommen auf uns zu, **weil wir die Fähigkeit haben, sie zu empfangen**.

Samadhi ist die dritte und letzte Phase des besagten Zustandes (III. 3). Ist Dhyana vollendet, so heißt dieser Zustand Samadhi. Das „Ich" verschwindet in diesem Zustand. Wir unterscheiden uns nicht mehr von dem, was uns umgibt. Aus diesem Zustand heraus wird unsere Erlebensfähigkeit beträchtlich erweitert und umgeformt. Bei jeder Sache, die uns angeht, erfassen wir auf der Stelle alle Zusammenhänge. Wir sind auf die Tätigkeit der Sinne nicht mehr angewiesen oder beschränkt.

Unser Handeln, unsere Worte, unser Denken sind von nun an richtiger. Wir „wissen", was wir tun sollen und in welchem Augenblick. Alles ist nun verwandelt. Unsere neue Fähigkeit wird **Samyama** genannt (III. 4).

Dharana, Dhyana, Samadhi sind die nacheinander entstehenden Phasen eines Zustandes der Verwandlung, **Samyama ist seine praktische Anwendung**. Patanjali mahnt uns hier, daß dieser neue Zustand uns nicht vor allerhand Überraschungen bewahrt! Wir sind (noch) nicht verwirklicht. Immer noch tragen wir in uns verborgene Zustände, „Keime der Vergangenheit", die sich auf den kleinsten äußeren Anstoß hin wieder entfalten können (III. 8). Drei Wegstrecken trennen uns vom vollkommenen Zustand, **vom keimlosen Samadhi** (Nirbija Samadhi III, 9–12).

Die völlige Umkehrung unserer Bewußtseinsebene hat neue Fähigkeiten für unseren Geist und also auch für unsere Sinne geschaffen. Unsere Weltsicht hat sich geändert. **Die Welt erscheint vor unseren Augen in anderer Gestalt** (III. 13).

Nun folgen sehr zahlreiche Beispiele der Wirkungen von Samyama. Dann aber hält Patanjali uns an: Die neuen Kräfte, die „Siddhis", die Samyama begleiten, sind, so sagt er, **Hindernisse für die Verwirklichung** (III. 38). Welch außergewöhnliche Feststellung! Hatten wir gedacht, wir wären dabei, alles zu erreichen, und nun das Gegenteil: Wir laufen Gefahr, alles zu verlieren! Jede Form von Überlegenheit bildet ein unüberwindliches Hindernis auf dem Weg zur Verwirklichung. An diesem Punkt **müssen wir alles weggeben**. Ebenso kann die Erfahrung des Samyama uns dazu verführen, überlegen zu sein und uns abzugrenzen. Das kann **eine neue, enorme Falle des Ego sein**.

Im folgenden Sutra stellt Patanjali fest, daß in diesem Fall nicht nur wir selbst in Gefahr sind, wir sind auch **eine Gefahr für diejenigen, die wir waghalsig solchen Einflüssen aussetzen**. Gerade dies Verhalten ist das Gegenteil von Yoga. Die letzten Sutras des dritten Buches weisen in dieselbe Richtung.

Sie sagen, wenn keine Gier und auch keine Herrschsucht mehr existiert, **ist das, was uns ge-**

fangenhält, im Keim zerstört. Nun wird die höchste Freiheit geboren (III. 50).

Auch Sutra III, 52 soll man im Gedächtnis behalten. Im wesentlichen betont es, daß das **Leben abläuft als eine ununterbrochene Folge von Augenblicken — Gegenwarten**. Niemals hält es an, niemals wendet es sich zurück, ohne Halt entrollt es sich weiter, von Augenblick der Gegenwart zu Augenblick der Gegenwart. Samyama gibt zu diesem sich unentwegt erneuernden Leben die **Erkenntnis „dessen, was ist"**.

Im letzten Sutra des dritten Buches (III. 55) kündigt Patanjali das vierte und letzte Buch an:

Kaivalya Pada, die Straße zur Freiheit.

Kaivalya ist da, wenn die Tätigkeit des Geistes von allen Bindungen gelöst verläuft und völlig geläutert ist. Dann ist „das da" vom Einfluß der Welt der Erscheinungen befreit — das höchste Ziel des Yoga.

Das vierte Buch:
Kaivalya, Freiheit

Das dritte Buch schließt die Darstellung des Ashtanga Yoga ab. Daraus zieht das vierte Buch die Schlüsse und macht sich auf den Weg zum **endgültigen Ergebnis**.

Das letzte der vier Bücher kann man ganz kurz zusammenfassen.

Es gibt eine Anzahl Mittel, um die Fassungskraft unseres Bewußtseins zu verwandeln. **Das sicherste Mittel ist die praktische Yogaarbeit.** Die Yogaarbeit wirkt **indirekt**. Wir können nur die Vorbedingungen schaffen, damit die Verwandlung **geschehen kann**.

Durch die Yogaarbeit räumen wir die Hindernisse weg: „Wie der Bauer, der sich darauf beschränkt, das sperrende Wehr hochzuziehen, das das Wasser hindert, sich aus dem Bewässerungskanal auf sein Feld zu ergießen," wie das Sutra sagt.

Das Gedächtnis und die verborgenen Keime, diese von der Vergangenheit hinterlassenen Spuren, sind immer fest verbunden. Von jeher stekken sie in uns und **nähren ständig unser Verlan-**

gen, unser Bedürfnis nach vergänglichem Glück. Erzeugt werden sie durch die Verwirrung des denkenden Geistes und durch die Kleshas, Verursacher des Leidens (II. 3). Wenn diese Ursachen des Leidens sich auflösen, **verlieren die verborgenen Keime ihre verwirrende Kraft**. Ist denn die Welt, die wir betrachten, Wirklichkeit? Nehmen wir alle die Welt auf die gleiche Weise wahr? Nein, sagt das Sutra, jeder von uns nimmt die Welt wahr durch das Filter seines Geistes, also ganz verschieden. Diese Verschiedenheit ist aber nur oberflächlich.

Der Geist ist nur das Werkzeug der Wahrnehmung. Etwas in uns nimmt wahr, **hat die Fähigkeit des Wahrnehmens**: Purusha.

Es ist wichtig, die Beziehung zwischen Purusha und dem Geist zu erkennen. Die beiden müssen ganz klar unterschieden werden. Ist der Geist frei von äußeren Einflüssen, so spiegelt sich Purusha in ihm.

Nun beginnt die letzte Wegstrecke. Die Hindernisse lösen sich auf. Ebenso das Ego; und so können die ungewöhnlichen Fähigkeiten, die sich durch die Übungsarbeit entwickelt hatten, für seine Zwecke nicht mehr verwendet werden. Sogar das Forschen und Suchen wird aufgegeben. **Was denn suchen? Man hat alles.** Man begehrt nichts mehr. Man lebt, in der Fülle und ohne sich Fragen zu stellen:

Frei und bewußt.

Regeln für das Lehren von Asana

Yoga lehren ist nicht zu vergleichen mit dem Lehren, das wir gewohnt sind. **Sein Wesen ist völlig anders**. Mit dem Yogalehren wird nicht das Wissen angesprochen. Man befindet sich auf einer ganz anderen Ebene. Man schlägt einzig und allein vor, eine Erfahrung zu machen: körperlich, psychologisch und seelisch. **Vor allem eine Erfahrung.** Und das ist etwas völlig anderes. Wenn Sie, um Yoga zu lehren, sich auf den Weg des Wissens hinüberziehen lassen, werden Sie einen Irrweg einschlagen. Außerdem müssen Sie sich darüber klar sein, daß im Yoga kein einheitliches System zu finden ist, das auf alle anwendbar wäre. Das ist nicht möglich, denn jeder ist vom anderen verschieden, hat seine Bedürfnisse und wird eine andere Erfahrung machen. Sie werden sich also jeweils jedem Einzelnen anpassen müssen, und Sie müssen jedem Einzelnen tagtäglich folgen, weil er sich unentwegt weiter entwickelt. **Bei der praktischen Yoga-Arbeit und beim Yogalehren geht es um eine Erfahrung. Diese Erfahrung ist jedesmal neu.** Dies ist das Gesetz, nach dem wir uns stets richten müssen.

Der Weg beginnt bei **Ihrer eigenen Übungsarbeit. Ist Ihr Interesse am Yoga stark genug**, dann werden Sie den Menschen treffen, den Sie brauchen und der bereit sein wird, Sie zu führen, denn geführt zu werden, ist unerläßlich. Gemeinsam werden Sie **den Weg nehmen, der zu Ihrer Verwandlung führt**. (Unter „Verwandlung" soll man verstehen: die Umkehr, die Umwälzung Ihres Bewußtseinszustandes und seine radikale Veränderung).

Dieser Weg ist lang und beschwerlich. Je nachdem, wie Sie vorankommen, wird er interessanter und leichter begehbar. Schließlich werden sich die Fortschritte beschleunigt einstellen. Sobald erste Anzeichen von „Verwandlung" auftauchen, möchten Sie diese Erfahrung anderen zugänglich machen. Sie möchten sie mit anderen teilen. **Das wird Sie zum Lehren hinführen.** Das wird nur die Ergänzung Ihrer eigenen Arbeit und dazu anregend und aufschlußreich werden, aber schwer. Nichts ist auf dem Yogaweg schwieriger, als Leute zu unterrichten, die am Anfang des Weges stehen. Das wird für Sie eine harte Lehrzeit werden, die lange Zeit dauern kann, mit ihren Höhen und Tiefen. Sie werden Gelegenheit bekommen, Ihr Vertauen auf den Yoga zu beweisen. Aber verlieren Sie nicht den Mut. Diese Phase stellt Sie auf die Probe, ist aber wesentlich. Sie wird Ihnen wunderbare Befriedigung bringen, Zeichen von Dankbarkeit und Freundschaft von denen, die Sie aus Ihrer Fülle unterrichten. Sie werden Ihnen Zuspruch und

Ermutigung bringen, und, je weiter Sie vorgehen, desto weniger können Sie zurück, denn von einem bestimmten Augenblick an ist der Rückweg nicht mehr möglich.

Diese Phase, während der Sie im Lehren Ihr eigenes Suchen und Forschen weitertreiben, kann lange dauern. Eine Schwierigkeit aber lauert auf Sie: Wenn Sie Ihre Schüler gut weitergebracht haben, kommt es eines Tages so weit, daß Sie in ihnen das tiefere Interesse am Yoga wachrufen, **wenn auch sie ihre praktische Arbeit vertiefen möchten**, wenn sie ihrerseits mit dem Suchen beginnen werden. Dann stehen Sie einer viel größeren Schwierigkeit gegenüber. Sie werden ihnen folgen und sie begleiten müssen. Sie werden dann **in den Verwandlungsprozeß** Ihrer eigenen Schüler hineingezogen, und dem können Sie nicht ausweichen. Dieser Schritt ist schwierig, ja gefährlich. **Sie werden ihn nicht allein machen können**. Gemeinsam mit dem, der Sie leitet, werden Sie dies Problem lösen. Mit ihm werden Sie den Leitfaden suchen und zurechtlegen, an dem entlang **Sie** diesen neuen Weg verfolgen dürfen, **und der wird ungeahnte Rückwirkungen auf Sie haben**.

Im großen und ganzen kann man sagen, **daß es beim Unterrichten zwei Phasen gibt**. Um die erste handelt es sich, solange Sie mit Leuten zu tun haben, die einmal die Woche kommen, um „Yoga zu machen". Die sind noch nicht wirklich interessiert und sind übrigens auch nicht immer beharrlich dabei. Das ist für Sie die härteste Periode.

Die zweite Phase beginnt, wenn eben diese Leute den Segen des Yoga zu spüren beginnen. Dann fangen sie an, zu Hause zu üben. Nun möchten sie mehr davon erfahren. Ihr Suchen wird anbrechen. Alles wird nun viel leichter für Sie, aber gleichzeitig vielschichtiger. Die erste Phase kann **Initiation** genannt werden, die zweite heißt Phase der **Vertiefung**.

Die Initiation betrifft nur die Anfänger. Man kann sagen, daß es sich um Leute handelt, die **am Anfang des Prozesses** stehen. Dort können sie lange Zeit verharren. Von Ihnen wird es abhängen, sie weiter zu führen, ihr Interesse zu wecken. Im Stadium der Initiation wird nur Asana gelehrt. Das bietet sehr weite Entwicklungsmöglichkeiten. Erst viel später, im Stadium der Vertiefung, wird Pranayama vorgestellt, das andere große und wunderbare Thema. Im Anschluß daran, sehr viel später noch, wird angeboten, was daraus folgt, was Asana und Pranayama vollendet. **Das Programm, der Lehrstoff, ist unbegrenzt.**

Aber das Basisprogramm, das grundlegende, ist Asana. **Durch den Körper muß man hindurch.** Dies Programm wird am dringendsten gebraucht, wenn man lehren will, und man muß sich darin bis zur Vollendung auskennen.

Für das Unterrichten von Asana gibt es **große Leitlinien**. Diese Leitlinien sind beständig und immer da. Man wird sie vom ersten Tag an befolgen, vom ersten Kurs an, den man Anfängern gibt. Auch in zehn Jahren werden sie noch da sein, wenn das Stadium der Vertiefung am allerweitesten fortgeschritten ist. Es sind immer die gleichen Leitlinien, **die sich in verschiedene (Bewußtseins-)Ebenen einfügen**.

Die ersten Leitlinien befassen sich mit dem Aneinanderfügen, mit dem **harmonischen Aufbau einer Übungsstunde. Die Schwerkraft vor allem** ist die erste dieser Leitlinien. Schrittweise lehrt man ihre zahlreichen Phasen. Von Anfang an trägt man der **Reihenfolge der Schwerkraftwirkungen** Rechnung.

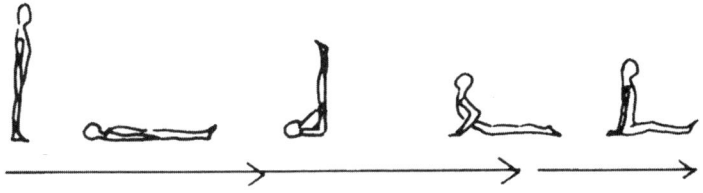

Meistens beginnt man mit den Haltungen im aufrechten Stand: klassische, senkrechte, anregende. Es werden die Haltungen in der Rückenlage folgen, welche die aufrechten Haltungen ausgleichen sollen und auch den Ausgangspunkt für die umgekehrten Haltungen bilden. Nach den umgekehrten Haltungen wird man als Verbindungsglied zu den Sitzhaltungen (die wieder senkrecht aufgerichtet sind) die Haltungen in der Bauchlage nehmen, die für die Sitzhaltung anregend wirken. Diese fünf Schwerkraftwirkungen brauchen nicht unbedingt alle in ein und derselben Stunde vorzukommen. Man kann zwei, drei oder vier davon anwenden — aber immer in der Reihenfolge des Pfeils (in der Zeichnung).

Für den Bereich der Schwerkraft gilt nur die Reihenfolge, in der die Haltungen aufeinanderfolgen. Es gibt nun auch das **Bewußtsein der Schwere**. Dieses Bewußtsein ermöglicht den **angemessenen Gebrauch der Muskeln**. Durch den Gebrauch des Schwerebewußtseins gelingt es, ohne übermäßige Anstrengung in eine Haltung zu kommen.

Aber zur Schwerkraft: Es geht darum, **sich die Mittelachse der Haltung bewußt zu machen**. Für alle Körperstellungen besteht eine Mittelachse. Das Gewicht der Außenflächen muß gleichmäßig um diese Achse herum verteilt sein, damit sie stabil wird und nicht schwankt.

In den senkrechten Haltungen ist diese Achse etwas feiner zu erspüren. In den umgekehrten Haltungen kann es zum Verlust des Gleichgewichts kommen, der gefährlich für den Nacken ist, wenn man nicht auf diese Achse achtgibt. Das Bewußtsein der Mittelachse führt das Erspüren der „psychologischen Achse" herbei.

Eine weitere Leitlinie ist die von **„vinyasa krama"**. Dieses Sanskritwort bedeutet: „sich schrittweise auf einen gegebenen Punkt zubewegen". **Man kommt schrittweise zum Ziel**. Die Anstrengung wird vermindert. Einmal am Ziel angelangt, kommt man zum Ausgangspunkt zurück, immer schrittweise. Die Spannungen löst man auf, **die Wirkungen werden bewahrt**.

„Vinyasa krama" wird in allen Phasen der Yogastunde angewandt. Zunächst in der Haltung selbst. Man geht nicht gewaltsam in die Haltung, indem man lediglich versucht, die äußere Form zu kopieren. Man geht schrittweise „von innen her" in die Haltung hinein. In der gleichen Weise wechselt man von einer Haltung in die andere über. Die eine Haltung, die man aufgeben will, wird aufgelöst, und dann geht man schrittweise in die folgende hinein. So ist die ganze Stunde bestimmt von „vinyasa krama". Nun führt uns eine Reihe von Bewegungen und Stellungen in die Haltung, die wir erreichen wollten. Damit ist man am Höhepunkt der Stunde angelangt und verharrt nun in dieser Haltung.

Dann, zum Abstieg, löst man die Stunde Schritt für Schritt auf mit einer Reihe von Haltungen und Bewegungen, die zum Ausgangspunkt zurückkehren.

Die dritte Leitlinie ist **die des Ausgleichs**. Im Verlauf der Asanaübungen wird **stets alles ausgeglichen**. Sobald man eine Sache gemacht hat, macht man unmittelbar danach das Gegenteil. Das Gleichgewicht, das die Yoga-Arbeit anstrebt, wird durch den Ausgleich der Gegensätze erreicht. Einer Haltung des Sichverschließens z.B. folgt eine Haltung der Öffnung − und umgekehrt. Eine Haltung im Liegen oder eine Umkehrhaltung folgt oder geht einer senkrechten Haltung (im Stehen oder Sitzen) voran. Auf Tätigkeit folgt Untätigkeit (Shavasana), der ihrerseits wieder einer Tätigkeit vorausgeht. Anregende und beruhigende Haltungen wechseln sich ab. **In der Stunde herrscht ein schwingendes Auf und Ab. Fortwährend gleicht sich alles aus.**

Die bisher beschriebenen Leitlinien dienen dem Aufbau der Stunde. Die nun folgenden dienen der Entwicklung des Bewußtseins.

Der Gebrauch der Atmung ist das Herzstück der Asana-Arbeit. **In Asana läßt man sich von der Atmung führen und folgt ihr.** Diese muß vor allem natürlich und bewußt sein. Sie spiegelt den tief inneren Rhythmus unseres Körpers wider. **Man folgt dem Körper**, aber nicht dem beschleunigten, automatischen Rhythmus des Geist-Verstandes. In der praktischen Arbeit verschmelzen Körper, Atmung und Geistestätigkeit. Dank der Atmung kann das gelingen. **Sie ist der Drehpunkt, der Dirigent dieses Prozesses.** Die Atmung gibt in der praktischen Arbeit den Ton an.

Vom allerersten Augenblick an wird man diese Richtung einschlagen. Das Wort „Atmung" wird in diesem Stadium überhaupt nicht ausgesprochen. Man wird nur eine spontane, natürliche Bewegung vorführen. Der Versuch, das Wesentliche der Bewegung zu erfassen und nachzumachen, wird bei den Anfängern zu einer Atmung führen, die auch spontan und natürlich kommen wird. Denn Atmung und die Bewegungen des Körpers sind innig verbunden. Anschließend wird während der Einführungsphase und in der darauffolgenden Vertiefungsphase der rechte Gebrauch der Atmung stetig weiterentwickelt.

Um das Bewußtsein während der Übungsarbeit aufrechtzuerhalten, **müssen stille Freiräume eingefügt werden**. Bleiben Sie ohne Unterbrechung in Aktion, so wird diese zur mechanischen Wiederholung und Sie geraten in einen Prozeß, der all dem zuwiderläuft, was erstrebt wird. In der praktischen Arbeit dienen **aber alle Anweisun-**

gen dazu, bewußt zu werden und dann das Körperbewußtsein zu entwickeln.

Das Bewußtsein entspringt in den stillen Freiräumen, wie wir sie nennen. Das sind Augenblicke der Unterbrechung jeder Aktion, Augenblicke der Untätigkeit. Diese Augenblicke müssen wir wohl beachten und uns nicht durch die Wiederholungen fortreißen lassen. **Augenblicke der Untätigkeit mit solchen der Aktivität abwechseln lassen.**

Bei der Übungsarbeit auf das kosmische, aus der Tiefe kommende Schwingen Rücksicht nehmen! Zum Beispiel können wir zwischen zwei identischen Bewegungen für kurze Zeit mit der Atmung Fühlung nehmen. Das reicht schon aus, um die folgende Bewegung **als neu** zu empfinden und nicht als banale Wiederholung der vorhergehenden. Auch am Schluß einer Folge von Übungen in der gleichen Lage zur Schwerkraft können wir unterbrechen und verharren.

Berücksichtigen wir einen Augenblick des stillen Verharrens, bevor wir die Lage zur Schwerkraft wechseln. Aus den gleichen Gründen üben wir Shavasana. Während der Übungsarbeit müssen immer wieder **solche stillen Freiräume** eingefügt werden, **in denen sich das Bewußtsein wiederherstellt, erneuert.**

Eine der wesentlichsten Leitlinien für die Asana-Arbeit ist das **schrittweise Hinkommen zur Bewegungslosigkeit**. Wir wandern von der Außenseite zur Mitte hin. Aus der Bewegung zur Bewegungslosigkeit. Von der bedingten in die absolute Bewegungslosigkeit **bis zur Aufhebung jeglicher Bewegung — der körperlichen, der atmenden und der denkenden — in der eingenommenen Körperhaltung. Dies ist Asana**.

Um solche Vollendung zu erreichen, müssen wir einen langen Weg durchwandern. Es ist außerordentlich schwierig, bei denen, die gerade anfangen, das Erlernen der Bewegungslosigkeit richtig einzufädeln. Tausend Tricks und Listen braucht man dazu, und viele Vorbereitungen muß man treffen. Wer Anfänger ist, hat es schwer, völlig bewegungslos zu bleiben, während er doch von den Mechanismen des Denkens und Handelns mitgerissen wird.

Regeln für das Lehren des Pranayama

Hat Asana seine Aufgabe erfüllt, so sagt Patanjali, dann ist Pranayama bereit. Wenn man sich aus dem Asana löst, aus längerem Verharren in einer bestimmten Haltung, möchte man sich setzen, **sich nicht mehr bewegen**.

Dann spürt man **nur noch** die Atmung, die unsere innere Schwingung ausmacht. Von Asana zum Pranayama ist es ein natürlicher Übergang, der nichts mit Technik zu tun hat. **Dieser Übergang entspricht einem Bedürfnis im gegebenen Augenblick.**

Pranayama, das Nicht-Verstreuen von Prana.

Das Bewußtsein, das ausschließlich auf den Strom der Atemluft gerichtet ist, **beendet das Auseinanderfließen des Prana**. Vorher floß diese Energie auseinander, lief von der Mitte nach außen weg. Nun fließt sie in umgekehrter Richtung, vom Außenbereich zur Mitte hin, wo sie sich niederlassen wird. (Der allgemein anerkannte Sinn des Wortes Pranayama ist: Nichtverstreuen von Prana).

Das Umgehen mit der Atmung ist der Angelpunkt des Hatha Yoga. Dieser Umgang ist bei

Asana wesentlich. Im Pranayama **ist er alles**. Da gibt es nichts anderes mehr. Die ununterbrochene und ausschließliche Hinwendung zum Fließen der Atemluft öffnet schließlich den Weg zu Dhyana.

Das Bewußtsein, ausschließlich auf den Atemfluß gerichtet:

Es gibt eine **Empfindung für die Qualität** der Atmung. Die Atmung, von der hier die Rede ist, ist nicht leicht zugänglich. Vor allem ist sie bewußt. Die ununterbrochene Beziehung zum Atemfluß ist das einzig wirklich Wichtige im Pranayama. Diese Beziehung geht durch eine allzu willensbetonte Anstrengung verloren. Dann ist man gezwungen, loszulassen und den Kontakt neu zu suchen. Bei gelöstem Geisteszustand stellt sich diese unterbrochene Beziehung von selber ein.

Der Mensch ist das einzige Lebewesen, **das sowohl** unwillkürlich als auch willkürlich atmen kann. Beides kann gleichzeitig geschehen. Man soll nicht eine ausschließlich vom Willen abhängige Atmung üben.

Man beginnt mit der natürlichen Atmung, mit dem Bewußtsein dieser natürlichen Atmung, dann begleitet man sie, um sie schrittweise zu entwickeln und umzuformen. Man ersetzt nicht etwa die natürliche Atmung durch eine rein willensmäßige. Durch ein rein willensmäßiges Vorgehen können wir nicht zu einer richtigen, guten Atmung gelangen. Ganz im Gegenteil wird der Atemfluß, indem wir **die unwillkürliche Atmung** sich entfalten lassen, Schritt für Schritt und ganz von selbst länger, flüssiger und feiner.

In diesem Zusammenhang mit dem Atemfluß betreten wir, ebenso wie beim Asana, eine noch unentdeckte Welt ohne Grenzen.

Die Osmose mit der Atmung.

In dieser Weise atmend, natürlich, frei, **vor allem bewußt**, vereinigen wir uns schrittweise in einer Art Osmose mit dem Atemfluß. **Erst aus diesem Zustand der Einheit, dieser Osmose**, kann man die klassischen Mittel ins Auge fassen, um den Atemfluß nach unserem Willen umzuwandeln, um ihn zu verlängern, ihn einzuschränken oder gar anzuhalten. Um derart durch die Nasenlöcher zu atmen, sind die Finger zu benutzen. Beginnt man gleich mit diesen Mitteln, bevor man sicher weiß, daß man mit dem Atemfluß „identisch" ist, **dann sind diese Mittel ganz einfach Techniken** ohne Wirkung und Nutzen.

In den ersten Stufen der Pranayama-Praxis soll

man lernen, mit dem Willen, aber trotzdem gleichzeitig natürlich zu atmen, also nicht ausschließlich willensmäßig. Spontan, gelöst, ohne Gewalt, vor allem bewußt. Man braucht viel Zeit, um diese Atemweise zu erlernen und zu erkennen, um zu dieser großartigen Erfahrung zu gelangen. Die Schwierigkeit besteht darin, daß wir gewohnt sind, Übungen nur mit dem Willen zu machen.

Sind wir gut geführt worden, so werden wir in der Atmung eine unvermutete Welt entdecken. Eine unbegrenzte Vielfalt von Feinheiten. Zum Beispiel werden wir erfahren, daß die **ununterbrochene** Beziehung zum Atemfluß nur in einem gelösten Geisteszustand gelingt. Diese beiden wirkenden Kräfte, Geist und Atmung, sind von gleicher Beschaffenheit, sind identisch und wirken in Übereinstimmung. Ist der Geist gelöst, so ist die Atmung richtig, fließend und leicht.

Ist (umgekehrt) die Atmung fließend und leicht, so ist der Geist in Frieden. Möchten Sie in stetiger Beziehung mit dem Atemfluß bleiben, so müssen Sie loslassen, **etwas abgeben (auf etwas verzichten)**. Sie sollen sich nicht bemühen, **durch eine Willensanstrengung etwas zu bekommen**. Ohne Anstrengung gelangen wir schließlich zur Osmose mit dem Atemfluß. Das Ego verschwindet; wir sind an die kosmische Schwingung angeschlossen, die durch den Rhythmus unserer natürlichen Atmung wirkend und anwesend ist. **Danach** werden die Techniken die bereits erzielten Wirkungen noch vertiefen. Die nachfolgende Zeichnung verdeutlicht Ihnen den Prozeß:

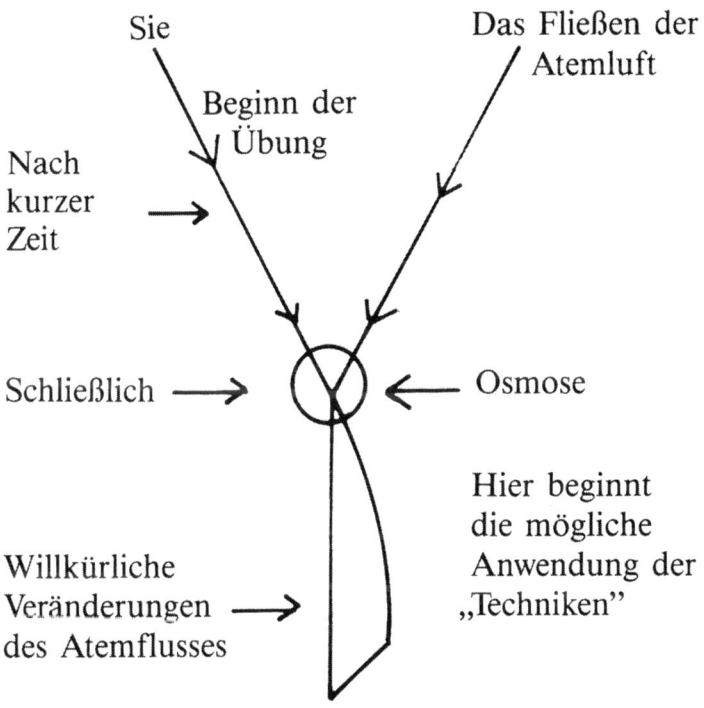

Frage: Ist die Anwendung der „Techniken" unbedingt erforderlich?

Antwort: Nein. Das hängt von Ihren Bedürfnissen in einem gegebenen Augenblick ab.

Die willkürliche Atmung

Die erste Phase in der Übungsarbeit und beim Unterrichten des Pranayama ist die **Beobachtung des Atems, die passiv bleibt**. Dazu das Bestreben, eins zu werden mit dem Luftstrom der Atmung. Nach meiner Beobachtung **braucht es viel Zeit**, um eine gute Atemqualität zu erlangen. Aber die muß man vor allem anderen erreichen, **bevor man weitergeht.**

Wenn man nun an die gelenkte Atmung herangeht, muß man festhalten: Das einzig wirklich Wichtige **bleibt das Bewußtsein**. Nicht durch die Atmung selber, sondern vielmehr durch das Bewußt-Sein, das **Zusammengehen des Geistes mit der Atmung** kommen die Wirkungen zustande.

Bei der **willkürlichen Atmung** wird man damit beginnen, „die Umsatzmenge" des strömenden Atems zu messen. Anschließend mißt man, wieviel Luft am Schluß der Einatmung und am Schluß der Ausatmung in den Lungen vorhanden ist. **Es muß die richtige Menge sein**, nicht zuviel und nicht zuwenig. Es ist gar nicht leicht, die richtige Luftmenge zu sichern. Dazu gehört ein hohes Maß von Bewußtsein.

Die Luftmenge am Schluß der Einatmung und damit der Luftdruck in den Lungen darf nicht stören und uns nicht zwingen auszuatmen. Am Schluß der Ausatmung besteht die gleiche Schwierigkeit, nur im umgekehrten Sinn. Wir dürfen nicht zu wenig Luft in den Lungen haben, d.h., wir dürfen nicht zuviel Luft ausgeatmet haben. Wir würden Luftmangel verspüren und überhastet einatmen. Indes darf am Schluß der Einatmung auch nicht zu wenig Luft oder am Schluß der Ausatmung zuviel Luft übrigbleiben. Wir würden die Wohltat einer guten Sauerstoffzufuhr verlieren, die ja die eigentliche Funktion der Atmung ist.

Atemanhalten

Das Anhalten am Schluß der Ein- und Ausatmung ist natürlich. Es findet auch in der natürlichen Atmung statt. Durch die willkürliche Atmung kann man es verlängern. Nicht mit Gewalt, ganz leicht. Das hängt allein von der Luftmenge ab, die in den Lungen vorhanden ist. Vom Grad des Luftdrucks. Man muß es erreichen, **das sehr genau zu bemessen**. Ist der Geist befriedet und das Bewußtsein gut ausgebildet, dann ist das möglich. Und gerade dazu dient die erste Phase des Einswerdens mit dem Fluß der Atemluft.

Die Neurophysiologie der Atmung bestätigt das und lehrt uns, daß es unwillkürliche Alarmsignale gibt, die ausgelöst werden, wenn zuviel oder zuwenig Luft in den Lungen ist und je nachdem spontan die Aus- oder die Einatmung hervorrufen. Alles ist in unserem Organismus geregelt, bemessen und aufeinander abgestimmt. Und so darf man dies wunderbare Instrument nicht verletzen oder verderben durch einen Eingriff, **der im allgemeinen zu stark ist und zu ausschließlich aus dem Willen kommt.**

Ist die Luftmenge gerade richtig, dann wird man **das Atemanhalten ohne Schwierigkeit verlängern** können. Andernfalls wird es nicht gelingen. Denn ist die Luftmenge die richtige, dann werden die Alarmsignale nicht ausgelöst. Wir werden dann nicht unruhig sein. Unser Geist wird friedvoll sein, und dadurch wird es viel leichter, die Dauer des Atemanhaltens zu verlängern.

Die Texte lehren uns, daß genau **während des Atemanhaltens** die Zerstreuung des Prana aufhört. Diese Unterbrechungen sind nicht auf das Ende von Aus- oder Einatmung beschränkt; sie können jederzeit stattfinden. Dann sind die Lungen weder voll noch leer und dann ist das Anhalten leichter und bequemer. Aber es geht nicht darum, Ein- oder Ausatmung während ihres Ablaufs anzuhalten. Dieser Typus des Anhaltens bereitet sich vor: Dahin wird man schrittweise geführt — durch das Hinstreben von Ein- und Ausatmung zum Aufhören jeglicher Bewegung im gegebenen Augenblick.

Diese Augenblicke des Anhaltens sind die Schlüssel zu Asana und vor allem zu Pranayama. Wir kommen später auf dieses Thema zurück.

Die fließende Bewegung Asana-Pranayama-Dhyana.

Asana macht die Atmung frei und bereitet Pranayama vor. Pranayama verstärkt die Wirkungen des Asana und leitet über zu Dhyana (Zustand, der aus der praktischen Arbeit hervorgeht). Beim Üben kann man das Gewicht auf Asana legen. Man kann das Gewicht auch auf Pranayama legen, der uns hier interessiert. (Man kann es auch auf Dhyana legen, aber das ist ein anderes Thema).

Soll Pranayama betont werden, so muß man das bei Asana berücksichtigen. Man wird sich dann keine besonders gewichtige Haltung vornehmen, um eine langandauernde Vorbereitung zu vermeiden. Ebenso ist zu vermeiden, daß das Interesse sich zu sehr auf das Asana konzentriert.

Um Pranayama vorzubereiten, werden die Asana-Haltungen weniger lang, ihre Aufeinanderfolge rascher. Man wird Haltungen verwenden, die sich zur Vorbereitung von Pranayama ganz besonders eignen. Die Umkehrhaltungen zum Beispiel, weil sie die Nasengänge freimachen, den Nacken dehnen und den Rücken für die Sitzhaltung kräftigen. Dazu öffnende Haltungen, die ihrerseits die Atmung lösen.

In gewissen Fällen kann man zur Vorbereitung von Pranayama auch **Kapalabhati oder Bhastrikha** anwenden. Kapalabhati erneuert durch seine raschen Einatmungen und seine noch viel raschere Ausatmungen den Sauerstoff und macht das Lungengewebe geschmeidig. Bhastrikha macht die Nasengänge frei. Aber man darf diese Übungen nicht mißbrauchen; sie können leicht eine schädliche Wirkung hervorrufen.

Den Durchgang der Atemluft überwachen.

Will man die **Wirkungen des Pranayama vertiefen**, kann man den Durchgang der Luft überwachen. Diese Kontrolle geschieht entweder im Bereich der Stimmritze oder bei den Nasenlöchern.

Im Stimmritzenbereich ist der Durchlaß viel weiter, in den Nasenlöchern ist er enger. Man kann ihn noch viel enger machen und nur durch ein einziges Nasenloch atmen, indem man das eine Nasenloch zum Teil, gleichzeitig das andere völlig verschließt. Der Druck auf das teilweise verschlossene Nasenloch ist ein subtiles Spiel, das zahllose Variationen erlaubt.

Die Kontrolle oder Regulierung des Luftstroms in der Stimmritze heißt **Ujjai**. [Ujjai: Das, was die Kehle klärt und den Brustkorb beherrscht. (T.K.V. Desikachar „Yoga, entretiens sur la théorie et la pratique")].

Dieser Durchlaß ist unmittelbar mit den Lungen verbunden. Man zieht das Kinn an, um die Halswirbel gerade zu richten und den Kopf festzuhalten. So gibt man dem Durchlaß einen festen Halt, und man kontrolliert die ein- und ausgehende Luftmenge; dadurch wird diese gleichmäßiger werden. Diese „Drosselung" bringt ein Geräusch hervor, und durch dieses kann man die Qualität des Durchfließens feststellen. Man kann einatmen durch die Stimmritze und ausatmen durch die Nasenlöcher. Man kann es auch umgekehrt machen.

Man kann durch ein einziges Nasenloch atmen (s. die Erklärung weiter oben), indem man die Finger zu Hilfe nimmt.

Wenn man nun durch die Stimmritze einatmet

und abwechselnd durch das eine oder andere Nasenloch ausatmet, dann ist das **Anuloma Ujjai Pranayama** (Anuloma: mit dem Haar gehend). Macht man es umgekehrt und atmet abwechselnd durch die kontrollierten Nasenlöcher ein und durch die Stimmritze aus, dann ist **Viloma Ujjai Pranayama** (Viloma: was gegen das Haar geht, in umgekehrter Richtung geht). Diese beiden Pranayamas können miteinander verbunden werden.

Von den bewußt gelenkten Atemweisen ist die am subtilsten, die den Luftstrom **ausschließlich** in den Nasenlöchern regelt. Sie wird **Nadi Shodana** genannt, „die die Nadis reinigt". Die Nadis sind die Meridiane, die Bahnen, auf denen unsere Lebensenergie umläuft. In dieser Atemweise atmet man durch das etwas verengte linke Nasenloch ein, während das andere versperrt ist. Bei der Ausatmung macht man es umkehrt: Man schließt das linke Nasenloch und verengt die Öffnung des rechten etwas, durch das die Luft austritt. Dann wechselt man um: Man atmet durch das etwas verengte rechte Nasenloch ein, bei versperrtem linken Nasenloch usw. Diese Atemweise ist von äußerster Feinheit. **In der rechten Art ausgeführt und dazu im günstigen Augenblick,** ist ihre ausgleichende und regelnde Wirkung perfekt.

Der Gebrauch der Finger zur Regulierung des Luftdurchgangs in den Nasenlöchern ist eine

Kunst von außerordentlicher Feinfühligkeit. Die klassische Haltung der Finger wird **Mrigi Mudrâ** genannt.

Man kann durch den Mund einatmen, dabei den Durchlaß regulieren und dann abwechselnd durch ein Nasenloch ausatmen (Shitali Pranayama). Diese Atmung wird oft verwendet, um die Magensäfte anzuregen und die Verdauung zu verbessern.

In der Pranayama-Arbeit verengt man nach Bedarf die Durchlaßöffnungen für die Atemluft. Man beginnt mit Ujjai.

Man verengt die Durchlässe nicht, um dem Durchfluß der Luft eine Verlängerung **aufzuzwingen**, es geschieht vielmehr, **um die Luftwege an einen Luftstrom anzupassen, der bereits durch die vorangegangene Arbeit viel feiner und zarter geworden ist.** Die sog. „Techniken" des Pranayama entsprechen dem Bedürfnis in einem gegebenen Augenblick. Sie sind nicht Teil eines Systems:

Die Luft muß leicht durch die Nasenlöcher fließen, ohne irgendwelche Beschwerden zu machen; einfach, natürlich und ohne im geringsten zu vibrieren. Wenn der Durchlaß enger ist, geht die Luft nur schrittweise hindurch. Dadurch kann man **besser die Luftmenge abschätzen**, die am Schluß der Ausatmung und am Schluß der Einatmung in den Lungen vorhanden ist. Das erleichtert erheblich die Ausführung des Atemanhaltens. Aus diesem Grund verlängert man im Ujjai die Zeiten des Atemanhaltens nicht. Im Nadi Shodana hingegen können diese Zeiten verlängert werden (oder auch nicht, je nach Bedarf).

Das Lehren des Pranayama ist keine leichte Sache. Vor allem ist, mehr noch als bei Asana, die Erfahrung im Pranayama eine ganz persönliche. Auch ist das Vorgehen dabei viel feinsinniger und empfindsamer. Man hat immer das Gefühl, wenn man mit einer Gruppe von Schülern vom Asana zu Pranayama übergeht, es sei noch zu früh. Einmal, weil Asana eine vollständige Wissenschaft ist, deren Studium nie abgeschlossen wird, und zum anderen, weil man im Pranayama eine weitere wunderbare Welt betritt, die ohne Zweifel noch viel wunderbarer ist, die verführt und bezaubert. Man läuft Gefahr, Asana aus dem Auge zu verlieren. Aber vergessen wir es nie: **Die beiden sind unzertrennlich.**

In der Lehre des Pranayama sind noch **andere Themen** enthalten.

Zunächst **die Bandhas (Mudras):**

Wenn durch die Übungsarbeit erst von Asana und dann von Pranayama der Geist Frieden gefunden hat, beginnen **spontan entstehende** Muskelkontraktionen, die Wirbelsäule in vollkommener Regungslosigkeit festzuhalten, damit der Kreislauf des Prana leichter geht. Wie schon bei der Atmung kann man sie unterstützen, sie mit dem Willen fördern — sobald sie auftreten, aber nicht eher.

Man kann außerdem durch Pranayama **den pranischen Pulsschlag steuern**. Die Einatmung ist aktiv. Durch den Druck der Luft, die sich in den Lungen gesammelt hat, schafft sie **eine Ausdehnung, sie öffnet, belebt, bringt Energie.** Sie weist nach außen (brïmhana). Die Ausatmung ist passiv. Durch das Schwinden des Luftdrucks **nimmt sie zurück**, schließt zu, befriedet. Sie ist verinnerlichend (langhana).

Durch den angemessenen Gebrauch der Ein- und Ausatmung kann man den pranischen Pulsschlag steuern, der in uns lebt. Mit dieser außerordentlich wichtigen Wissenschaft muß man sich vertraut machen, wenn man Yoga üben oder lehren will. Diese Wissenschaft ist verbunden mit der ayurvedischen Medizin, der überlieferten Medizin Indiens, auf die Sri Krishnamacharya und sein Sohn Sri Desikachar die Aufmerksamkeit gelenkt haben.

Außerdem soll man sich im Pranayama für die **Physiologie und die Neurophysiologie der Atmung**[*] interessieren. Sich dessen bewußt sein, „was ist", das erleichtert das Verstehen. Endlich, **es müssen die Schriften studiert werden**. Besser als es sonst jemand tun könnte, **geben sie den Gehalt, das Wesentliche des Pranayama** wieder.

---

[*] R.F. Schmidt – F. Dudel – W. Jänig – M. Zimmermann, „Neurophysiologie"

Die Pädagogik
des Yoga

Wir sahen, daß der Hatha Yoga uns verwandelt. Er löst uns aus unseren Fesseln. Er macht unser Denken klar und frei von Vorurteilen. Er ändert unser Verhalten. **Der Hatha Yoga ist eine unverzichtbare Vorbereitung** für alles, was wir anstreben, er erleichtert den Zugang zu allem.

Diese Sätze gelten vor allem für das Unterrichten des Yoga selbst. Will man Yoga lehren, so muß man vorher **vor allem durch seine eigene Verwandlung gegangen sein**. Was den Lehrer zum Lehren befähigt, das ist der Zustand, die Kraft seines Wesens, nicht sein Wissen. Das Wissen folgt dann nach. Das rechte Erkennen des Yoga erwächst aus der Verwandlung. In dem Maß, in dem sich das Bewußtsein entfaltet, **nimmt man das wahr, was wirklich ist**.

Der Yoga ist keine abstrakte oder theoretische Wissenschaft, und es geht dabei nicht um die Anwendung einer Technik, einer Methode oder um ein System. Der Yoga ist das bewußte Wahrnehmen dessen, was schon da ist. Man wird dies Dasein auf immer weiteren und immer subtileren Ebenen wahrnehmen. Der Weg zum Yogalehren führt also **im wesentlichen durch das Arbeiten an uns selbst**. Dabei muß uns jemand helfen, der uns führt und zu dem wir die rechte Beziehung haben.

Wir wiederholen: Dieser Weg ist schwer und mit Hindernissen übersät. Euer Interesse für den Yoga wird auf eine harte Probe gestellt werden. Höhen und Tiefen werden kommen. Aber selbst die „Tiefen", die Prüfungen, werden Euch helfen. **Schritt für Schritt werdet Ihr Euch verwandeln.** Aus eben dieser Metamorphose, dieser Kehrtwendung, wird Euer Verlangen, **Euer Bedürfnis zu lehren,** erwachsen.

Will man Yoga lehren, kann es gar nicht anders sein; einen anderen Weg gibt es nicht. Allein Eure eigene Verwandlung kann Yogalehrer aus Euch machen. Verlaßt Euch also nicht allein auf Euer Wissen. Immer wieder sind wir versucht, das zu tun, denn wir kennen ja nur diesen Weg. Wir bemühen uns, möglichst viel Informationen anzuhäufen, sie uns zu sichern, unserem Gedächtnis einzuprägen und einen Vorrat davon anzulegen. Verlaßt Euch nicht darauf. **Der Weg des Wissens nützt alleine nichts.** Ich möchte fast sagen, im Gegenteil. Er kann ein Hindernis darstellen. Ihr braucht Euch nicht zu beunruhigen: Wenn Ihr auf dem Weg Euerer eigenen Erfahrung geht, werdet Ihr keine Schwierigkeiten haben. **Alle Antworten werden Euch gegeben werden.** Sie werden gleichzeitig mit den — immer wieder veränderten — Situationen herbeikommen, so wie diese beim Lehren entstehen.

Vor allem macht Euch klar, welchen Gebrauch Ihr von Euerer eigenen Erfahrung machen könnt: Sie wird einzig Euerer eigenen Entwicklung nützen. Als Kriterium für die anderen darf sie nicht betrachtet werden. Verliert niemals aus den Augen: Jedes Wesen macht eine andere Erfahrung. Jede Erfahrung ist alle Tage neu. Darin besteht die Kunst des Lehrens: Bedingungen zu schaffen, unter denen der Übende aus sich selbst heraus und seinen Möglichkeiten und Bedürfnissen entsprechend **den Yoga entdecken kann**. Denn nur wenn er die Dinge selbst entdeckt, wird sein Interesse lebendig. Die Beschränkung auf Nachmachen und Nachvollziehen kann kein Interesse erwecken. Möglichst früh sollen also die Schüler dahin geführt werden, ihre Übungsarbeit mehr und mehr in eigener Verantwortung zu machen.

Das zu erreichen, ist eine Kunst! Doch es gibt dafür eine Menge Hilfen. Der Lehrer braucht Geschick und Können, um diese Bedingungen zu schaffen; das Verhalten des Lehrers liegt **der (aller) Pädagogik zugrunde**. Ständig muß er „Freiräume" schaffen, die der Schüler von sich aus betreten kann und in denen er den Weg der eigenen Erfahrung gehen kann. Wenn nun der Schüler daraufhin einen Schritt vorgeht, wird der Lehrer seinerseits einen Schritt zurückgehen, um den nötigen Freiraum zu erhalten (bewahren). Diese Art des Yogalehrens kehrt auf allen Ebenen des Unterrichts wieder. Wenn z.B. ein Schüler eine Frage stellt, so muß man vermeiden, ihm die vollständige Antwort zu geben. Begnügt Euch damit, den Weg zu beleuchten, der zur Antwort führt. So haltet Ihr das Interesse wach. Andernfalls, durch eine zu vollständige Antwort, haltet Ihr den Fortschritt des Lehrens an. Um diesen Punkt abzuschließen: Die Yoga-Pädagogik läßt der Initiative des Schülers sehr weiten Spielraum. Das ist für ihn **die einzige Art**, zur Erfahrung des Yoga zu gelangen, die, wir erinnern uns, die Erfahrung eines Zustandes ist.

Sprechen wir jetzt über die **Bedeutung der richtigen Beziehung** zwischen dem, der lehrt und dem, der die Lehre empfängt. Diese richtige Beziehung ist der Schlüssel für das Weitergeben des Yoga. Geschaffen wird diese richtige Beziehung durch das nachdrückliche Interesse des Schülers. Der Unterrichtende muß vor allem dies Interesse des Schülers wahrnehmen. Durch dieses Interesse kann er schöpferisch werden. Die richtige Haltung des Schülers ist für den Unterrichtenden wesentlich. Diese Beziehung sieht nicht so aus, daß einer der Gebende und der andere der Empfangende ist; es geben beide und beide empfangen. Vor allem ist es ein Austausch.

Diese Beziehung muß andere ausschließen. Der Schüler kann nicht mehrere Personen als Führer haben. Dies wäre ein Grundirrtum, **eine unüber-windliche Schwierigkeit**. Im gegebenen Augenblick wird der Lehrer seinen Schüler auf zugehörige Themen hinweisen und ihm vorschlagen, diese bei Lehrern mit besonderen Kenntnissen zu studieren. Doch wird stets eine einzige Person für den gesamten Entwicklungsgang verantwortlich sein und bleiben. Wichtig ist es, beim Unterricht von den Bedürfnissen der Schüler auszugehen und ihre Beschränkungen zu beachten. Man muß imstande sein, sich mit ihnen zu identifizieren; man kann sich nicht von der eigenen Erkenntnis und der eigenen Erfahrung leiten lassen. Auf dem allerbescheidensten Niveau muß man sich einrichten und dort bleiben; was für eine köstliche Übung für den Lehrer!

Das Vorhandensein einer Gruppe wirkt als positives Element, als Ergänzung der Einzelbeziehung. Beide wirken zusammen. Die Gruppe wirkt günstig, wenn sie zusammengewachsen ist. Das Bewußtsein, auf der Suche nach dem gleichen Weg zu sein, ist für die Gruppenmitglieder ein Ansporn. Es bildet sich eine gesellschaftliche Beziehung zwischen ihnen. Sie treffen sich gerne wieder. Die Anregung aus der Gruppe fördert das Weitersuchen und -bemühen, und die Aufgabe des Lehrers wird durch sie erleichtert.

Es ist auch wichtig, die Kurse anregend zu geben. Besonders in den Anfängerkursen tut man gut, öfter neue Themen zu behandeln, die Aufmerksamkeit zu fesseln und immer wieder neu zu entfachen. Nach einer Zeit der Einführung geht man zur Vertiefung über.

Wiederholen wir, wie **wichtig es ist, nach einem Programm vorzugehen**.

Es führt zu nichts, die Themen des Hatha Yoga ohne Ordnung vorzutragen. **Der Leitfaden ist ebenso wichtig wie der Lehrstoff selber.** Die Themen des Hatha Yoga müssen in einer bestimmten Folge gelehrt werden. Da gibt es einen Entwicklungsgang, der weiterführt. Alle Teilstücke, aus denen der Hatha Yoga zusammengesetzt ist, sind aufeinander bezogen. Bedeutung haben sie nur durch ihre Beziehung zum Ganzen, wie bei einem Perlenhalsband: Wie köstlich und schön die Perlen auch sein mögen, ihren Wert bekommen sie erst durch die Schnur, die sie aneinanderfügt. Die Reihenfolge, in der die Themen zu lehren sind, ist bekannt. Sie kann an die Arbeit jeder Gruppe angepaßt werden. Befolgt genau ein Programm! Das Fehlen eines Programms ist eine Achtlosigkeit. Ohne ein Programm ist kein Ergebnis möglich.

Wichtig ist natürlich, daß der Lehrer selber übt. Vor allem muß er die Übungsstunden durcharbeiten, die er seinen Schülern geben will. Gerade bei diesem Durcharbeiten wird er immer wieder neue Einzelheiten entdecken, die ihm beim Lehren hilfreich sein werden. Nehmt Euch vor allem nicht so wichtig! Versucht nicht, etwas darzustellen! – Spielt nicht die Rolle des „Yogalehrers"! Errichtet keine Schranken! Seid schlicht und warmherzig! Seid wahrhaftig!

Die Yogapraxis erzeugt ein Gefühl der Freude. Laßt es bei Eueren Schülern entstehen und freut Euch mit ihnen. Nun ein letztes Wort: Lehrt nicht die äußere Form, vermittelt den Inhalt. Das Verhalten des Lehrers und die Qualität seines Wesens sind die besten Trumpfkarten für die Vermittlung.

Diese Wesensqualität ist ansteckend!

Yoga – Energie ein Leben lang

Übungszyklen und Meditationen des Hatha Yoga

Jutta Pinter-Neise

Hardcover,184 Seiten, 200 farbige Fotos
ISBN 978-3-86616-098-9

In diesem Buch werden 35 Jahre Erfahrung im „Yoga der Energie" weitergegeben. Die Entwicklung der Achtsamkeit führte zu einer immer größeren Einfachheit und Genauigkeit in der Ausführung der Haltungen und Bewegungsabläufe. Die vier Übungszyklen bauen in ihrer Anforderung aufeinander auf.
Je tiefer der Übende sich einzulassen gewillt ist, desto tiefer wird er berührt werden. Die einzelnen Übungen sind so aufeinander abgestimmt, dass jede Übungssequenz eine in sich geschlossene Einheit ergibt, die jeweils mit einer Meditation abschließt. Der Autorin geht es darum, zu berühren, damit Veränderung geschehen kann. Ihre jahrelange Suche hat ihr mit aller Deutlichkeit gezeigt, dass es nur unser Denken und Fühlen ist, das alles verändert.

Kraftquelle Yoga   2. Auflage

Das Praxisbuch des Viniyoga

Gary Kraftsow

Paperback, 360 Seiten, Großformat,
über 1000 Fotos,
ISBN 978-3-86616-027-9

„Der Stern des Yoga geht auf." Mit diesen Worten beginnt ein Buch, dessen Lektüre für alle Yoga-Praktizierenden zu einer Sternstunde des Yoga werden kann. Im ersten Teil des Buches, das auf einzigartige Weise eine Vielzahl von Themen in großer Tiefe behandelt, erläutert der Autor die Grundlagen der Yoga-Praxis, zu denen körperliche Haltungen, der Atem und der richtige Aufbau einer Yoga-Stunde gehören, sowie die Biomechanik der Bewegung anhand einer Reihe praktischer, in sich abgeschlossener Übungsreihen. Der zweite Teil behandelt das enorm große Heilungspotenzial, das der Yoga-Therapie innewohnt. Für eine Vielzahl körperlicher und seelischer Erkrankungen zeigt der Autor – stets wissenschaftlich fundiert – eine Fülle von Übungsreihen und Haltungen, die in hohem Maße zu ihrer Heilung beitragen können. Einzigartig sind auch die exzellenten, über 1000 fotographischen Darstellungen und detaillierten Anleitungen zu den einzelnen Asanas. Dieses Buch ist eine Goldgrube praktischen Wissens, das den Leser immer wieder zu neuen Erkenntnissen führen wird.

Mit Yoga Nidra das Leben meistern

Das Energiepotenzial des Unbewussten erkennen und die Kreativität der Alpha-Ebene nutzen

Anna Röcker

Hardcover, 192 Seiten
ISBN 978-3-86616-069-9

Leicht erlernbare „magische" Praktiken ermöglichen es auf verblüffend einfache Weise, die Fähigkeiten des Geistes optimal und zielgerichtet zu nutzen. Auf verschiedenen Stufen führt Yoga Nidra von einer ganzheitlichen, tiefen Entspannung bis hin zur Lösung von alten Mustern und Blockaden sowie Programmierungen aus der Kindheit. Davon frei zu werden eröffnet völlig neue Möglichkeiten, die innere Stimme zu hören und das eigene kreative Potenzial zu entwickeln und für die eigene Lebensgestaltung einzusetzen. Im besten Sinne führt Yoga Nidra nicht nur zur eigenen Weiterentwicklung und inneren Freiheit, sondern zur Mitgestaltung und Erhaltung der Schöpfung. Yoga Nidra ist für jeden Menschen geeignet, da es sich um ein in sich schlüssiges System handelt. Das uralte Yoga Nidra-Wissen wird damit zum Schlüssel für die „neue Zeit", von der die moderne Gehirnforschung spricht.

Das Kinder-Yoga-Mitmach-Buch

Mit Freude und Spaß Bewegung und Entspannung erleben

Carmen Ramirez Schmidt

Paperback, Großformat, 112 Seiten,
80 vierfarbige Fotos
ISBN 978-3-86616-117-7

Dieses Buch ist auf Anregung von Kindern aus Kinderyogakursen entstanden und kann sowohl als Einstieg in die Yogapraxis wie auch als Unterstützung oder Begleitung für Kinder, die schon Yoga machen, genutzt werden. Es ist für unerfahrene wie geübte Kinder von 6 bis 14 Jahren geschrieben, aber auch Erwachsene, die mit Kindern ganzheitlich arbeiten, können sich Anregungen aus diesem Buch holen. Die einzelnen Übungen werden in kurzen, leicht verständlichen Schritten erklärt, so dass Kinder und Erwachsene selbstständig die Übungen ausführen können. 70 verschiedene, detaillierte, kindgemäße Abbildungen und Beschreibungen erleichtern das Nachahmen. Auf großen, ansprechenden Fotos zeigen Yogakinder die einzelnen Haltungen. Außerdem enthält es 7 Yoga-Übungssequenzen, die in Form einer zusammenhängenden Geschichte gut nachvollzogen werden können, „Kraftsätze" für eine seelische Unterstützung und auch praktische Anregungen: Mandalas zum Ausmalen, Schutzengel zum Selbergestalten und einiges mehr.